JN439896

# 그 사랑이 참 오래간다

# 그 사랑이 참 오래간다

초판 1쇄 인쇄 | 2022년 06월 11일
지은이 | 김형진
펴낸이 | 이재욱(필명:이승훈)
펴낸곳 | 해드림출판사
주 소 | 서울 영등포구 경인로82길 3-4(문래동1가 39)
센터플러스빌딩 1004호(우편07371)
전 화 | 02-2612-5552
팩 스 | 02-2688-5568
E-mail | jlee5059@hanmail.net

등록번호 제2013-000076
등록일자 2008년 9월 29일

ISBN 979-11-5634-508-4

# 그 사랑이 참 오래간다

김형진 시집

해드림출판사

작가의 말

## 지금, 아름답기 때문입니다

공석에서 말을 많이 해야 하는 삶을 살고 있습니다.
그렇기에 사석에서는 되도록 말을 아끼려 노력합니다. 말에는 총량이 있기에 입술로 다 써버리면 마음이 허전해질까 봐서요.

마음으로 생각하고 마음으로 다시 정리하고, 마음으로 모읍니다. 그렇게 모아진 것들은 다시 풀어낼 수 없고, 그러기도 싫습니다. 지금, 아름답기 때문입니다.

오늘도 생각하며 삽니다. 선뜻 말하기보다, 생각하면서.

그리고 도자기 빚듯이 시를 써봅니다.

누군가에게는 감동이 되기를,
누군가에게는 따뜻함이 되기를,
누군가에게는 은혜가 되기를 바라면서.

오월을 지나며 김형진

차례

작가의 말 · 4

영춘화. '19. 4. 소여

## 가족

삼푸 12
판초 우의 14
새벽 창문 16
그 사랑 따라가기엔 18
투정 20
아내가 옳다 22
기억나는 한마디 24
어쩌다 선물 26
자전거 값 28
잔소리 30
고마워 32
품다 34
엄마 36
아버지 38

## 목양


이런 성도가 좋습니다 42
반갑다고 말했다 44
거꾸로 된 화살표 46
그 사랑이 참 오래간다 48
내 길 되었다 50
교회 건축 52
무릎담요 54
영혼 살리는 즐거움으로 56
간절기 58
착각 60
미룸 62
푸념이라도 뱉어봤는가 64
중국, 붉은 땅에서 복음을 움켜쥐다 66
To. 하나님께 68
진리를 전하다 70
노란 은행잎 72
동지(冬至) 74
그분의 시간에 핀 꽃 76

늘 예쁠 때 78
무기력 80
사소한 것 82
회개 84
그토록 아름다운 손이여 86
두렵다 88
영천리에서 90
밥값 92
헤아릴 수 없다 94

## 삶

구두 98
뒤꿈치 100
생의 마지막 102
연 104
가을 멋쟁이 106
고맙다 108
후회 없이 살아 주겠노라 110
친구 112
이해 114
로봇 장난감 116
미안하다 118
보름달 같은 120
10월을 지나며 122
춥기에 따뜻합니다 124
생각나면, 사랑이더군요 126
흙 내음 128
힘내세요 130
푸른 이들에게 132

사랑을 진 사람 134
뜬모를 심어보았는가 136
그 사람이 소중한 사람입니다 138
그 건물의 코너 140
대용량 142
페이퍼 컷(Paper Cut) 144
핸드드립 146
당신의 삶, 자국에 돌아라 148
신사 150
선동렬 152
이목(易木) 154
눈 156
사진 158
냄새 160

# 가족

# 샴푸

주문한 샴푸가 도착했다
지금 쓰고 있는 것과는 다른
궁금함보단 새것을 쓰고 싶은 욕심
'쓰던 거 다 쓰고 써요'라는 말은 들었지만
'내 맘이야'라며 먼저 써본다
먼저 씻고 나와 로션 바르고 음료수를 꺼내러 냉장고 가는 길
살포시 열린 욕실 문 사이로 남은 샴푸 쥐어짜는 아내
콜라 캔을 따 마시기 전
문득 이 마음이 든다
여보 사랑해

# 판초 우의

터벅터벅 걷는다
아직 길들지 않은 전투화가 너무 딱딱하다
조교의 호루라기 소리는 떨어지는 빗방울도 튕겨내는 듯하다
행군 시간 맞춰야 한다며 재촉하기에 밥도 먹지 못했다
뒤집어쓴 판초 우의 위에 떨어지는 빗방울 소리 묵직하다
몰아쉬는 숨에 희미한 입김
그 안에서 수많은 생각 스쳐 지나간다
우리 엄마
지금 이 시각 연속극 보고 있겠지만
그래도 아들 생각하고 있겠거니 여긴다
그러면서 또 여전히 보고 싶다
우리 엄마
습하지만 따뜻한 판초 우의 안

민들레

# 새벽 창문

잠자리가 답답해 창문을 열어놓으면
짜증 나게도
새벽녘 아빠는 꼭 들어와 닫고 간다
아들 방에 들어갔는데
창문이 열려있기에 닫았다
문득 생각한다
내가 아빠가 되었다는 걸
그리고 아빠가 보고 싶다는 걸

제비꽃

# 그 사랑 따라가기엔

"응, 지금 박달재 넘어간다"
거의 다 오셨구나
도착할 시간 계산하고 내 할 일 한다
"다 왔다 짐이 많다"
창밖을 내다보니 도착하셨다

"어디쯤이니?"
"지금 톨게이트 지나요"
어느덧 도착했는데, 나와 계신다
언제부터 나와서 기다리셨는지

한다고 하면서도
그 사랑 따라가기엔

꽃잔디

## 투정

초등학교 2학년 딸이 투정이다

어느덧 자란 딸의 투정을 받아주기 어렵다

나 4학년 때, 힘들다고 투정 부릴 때

엄마는 내 옷을 다 벗기고

목욕 깨끗이 해주고는

토닥이며 재워 주셨다

당연한 줄 알았던 사랑

엄마만 주는 사랑

대나무
강계홍

# 아내가 옳다

아내에게 성질을 부렸다
머리는 내가 옳지만 가슴은 아내가 옳다
내가 미안하다 해야는데
아내가 먼저 미안하단다
가슴은 자기가 옳으면서도
쉽게 미안하다고 하고
쉽게 포기하지 않는다

쑥부쟁이
김계홍

# 기억나는 한마디

힘겨울 때, 아버지의 한마디가 생각난다
어쩜 이리 꼭 맞을까
어쩜 이것까지 생각했을까
이래라저래라 잔소리보다
아들의 인생에 늘 기억날 한마디만 하길
그 마음으로 살지만
여전히 잔소리
그래도 아들이 훗날엔
한마디로 기억하길

# 어쩌다 선물

어쩌다 선물 받았다

은근 기대했던 것 사실이다

막상 받으니 설명서도 없고 다루기도 어렵다

세월 지나 알게 된 건

사랑이 설명서라는 것

그리고 내 것이 아니라는 것

그렇기에 소중하게 관리해야 한다는 것

해바라기
김계홍

# 자전거 값

자전거 갖고 싶던 소년은
아버지에게 떼를 썼다
자전거포에서
'얼마예요?' 묻는 아버지 다리 뒤에서
소년은 뛸 듯 기뻤다

소년에게 지갑이 생겼다
'얼마예요?'라고 물어오는데
아버지 앞에 선다
아버지는 '고맙다' 한다

아버지,
'고맙다' 하지 마세요
그때 자전거 값 남아 있거든요

아네모네

# 잔소리

아들에게 잔소리
내 아버지를 닮아간다
어쩔 수 없나 보다
이게 사랑인걸
아들에게 미안해서 눈물이 나는 게 아니라
아버지 잔소리 싫다고 한 세월이
죄송해서 눈물 난다.

벚꽃

# 고마워

밤을 따다
밤송이에 얻어맞았다
수많은 가시
난 이렇게 아내에게
밤송이 같다
그래도 품어주는 아내
고마워

나팔꽃

# 품다

가시라도 품어주는 사람

어머니

아내

그리고

시간이 가고야 그러하셨음을 깨닫는

아버지.

꿀풀

# 엄마

만족이 어디 있습니까
이발을 해도 그때와 다르고
매일 가던 식당도 어제와 다른데
오늘 항상 제자리 있던 열쇠가 보이지 않았습니다
생각해보면
삶은 만족할 게 없습니다
만족할 것은
아무리 생각해도
만족할 것은
엄마 사랑밖에

## 아버지

나이가 들수록 불쌍해지는 사람
생각할수록 눈물이 나는 사람
차라리, 여전히 무서웠으면 하는 사람
환하게 웃으시는 게 도리어 가슴에 여울지는 사람
그래도 기댈 수 있는 사람

카네이션. '19.4. 소애

냉이꽃

# 목양

# 이런 성도가 좋습니다

무시로 교회 로비를 지날 때 들린
기도 소리 주인공
아직 한산한 예배시간 전
조용히 기도로 예배 준비하는 아름다운 뒷모습
속회 식구들 못 나와도
혼자서 즐겁게 교회 청소하는 구슬땀
'목사님 드세요'라며
수줍게 놓고 간 나물 한 봉지
어찌나 기도할 게 많은지
기도 부탁 잦은 사람
오랜만에 거한 한 상보다
'짜장면 한 그릇 어때요' 할 수 있는 사람
'제가요?'라는 반문보다
'제가요!'라며 선수 쓰는 사람
예배 후 서둘러 가기보다
미련이 남은 듯 둘러보다 가는 사람
유쾌하게 웃다가도

예수의 사랑에 금세 눈물짓는 사람
'예수님 사랑해요'라는 고백이
참 잘 어울리는 사람

난 말이죠,
이런 성도가 좋습니다.

## 반갑다고 말했다

깨질 듯 두통의 여운이 채 남아 있을 즈음
왜 사는가의 자괴감과 상실감
어제도 지나갔던
언제나 지나갔을 법한 마음속의 애절한 비명
'기도하라'
무릎 꿇은 기도처에서의 첫 노랫말은
형제여 서로 사랑하자였다
강퍅했던 못난이의 뺨에 흐르는 눈물
그렇게 빗장이 풀리고
지나온 죄악들, 눈물로써 회개하니
마침내 오시는 분이 있는데
평생 함께 하잔다
그리고 나에게 과분한 일감 주시는데
그저 울기만 했다
그리고 울고 있는 나에게
만나서 반갑다고 말했다
사랑한다 말했다.

구절초

# 거꾸로 된 화살표

쓰다가 지웠다
혹시 누군가에게 상처가 될까 봐
소망을 주려던 게 되려 절망이 될까 봐

쓰다가 또 지웠다
그분의 뜻이 아닐까 봐
소리 없이 말하는 그분의 목소리는
때론 알아듣기 힘들다

쓰다가 다 지웠다
나부터 말할 자격이 없기에

키보드에 거꾸로 된 화살표가 유독 맨질맨질하다
내 가슴도 마찬가지

하지만 오늘은 마침표 찍고 기대감에 잠들고프다

# 그 사랑이 참 오래간다

비가 억수같이 쏟아지는 날도 아니었다
입김이 하얗게 서리는 날도 아니었다
어스름한 저녁 실루엣이 아름다워 보이는 날은
더더욱 아니었다
강렬한 뙤약볕, 텁텁한 흙먼지
잠깐의 실수도 없을 선명한 대낮
예수는 그렇게 부끄러운 날 십자가를 지셨다
무엇하나 가려줄 게 없을 때
눈망울에 맺힌 눈물이 앞을 가려주었다
다행이다 싶을 때
부끄러움은 보이질 않고
어느덧 그 사랑만 보이는데
여운으로 남겠거니 했지만
그 사랑이 참 오래간다

# 내 길 되었다

많은 사람이 말하고 신통하다 하기에
과연 어떨까 궁금했다 그는
믿음, 그 가치 깊이 생각해 본 적 없다
그것을 누리기엔 내 삶은 버겁다
그래도 조금은 한 걸음이라도 나은 삶을
소망, 그것은 소리 없이 내 발을 움직였다
항상 그랬는지 무척 시끄러운 성 내
사람들이 무언가 구경하는데 나도 거기 있었다
내 발을 이끌게 했던 그는 피범벅 된 채 나무를 짊어지고 있었다
말할 수 없는 실망감, 그리고 허탈감
알 수 없는 절망에 사로잡히려 하는데
당황스럽게도 나에게 나무를 대신 지라 했다
그리고 나는 그 나무 여전히 지고 있다
깊이 생각해 본 적 없는 믿음으로
하지만 확실한 믿음으로
억지로 맨 나무 희한하게 확실한 소망되었다
고향 구레네로 갈 시간 있을지는 모르겠다
이 길, 십자가의 길, 내 길 되었다.

장미

# 교회 건축

힘겹고 눈물겹던 교회 건축이 끝났다
토요일
아버지가 메리를 끌고 어디론가 가신다
졸졸 따라가니 따라오지 말라며 큰소리 시다
너무 궁금해 먼발치에서 조용히 따라가 본다
그런데 메리의 목줄을 풀고 동아줄을 걸더니
소나무에 매달았다
여섯 살 어린애는 충격에 아무 소리도 못 냈다
일요일
입당예배 마치고 온 교인 모여 점심을 먹는데
상에 올라온 국이 무엇인지 알겠다
울컥 눈물이 나고 부아가 치밀어 뛰쳐나갔다
그리고 아버지를 실컷 원망했다
그 아이는 어느덧 목사가 되었다
그리고 이젠 아버지 행동이 이해가 간다.

# 무릎담요

새벽에 무릎담요 챙겨 온 사람
추위를 잘 타면서도
여전히 새벽을 지키는 사람
잠든 가족들 사이 어두움 속에 챙긴 무릎담요
그것을 덮고 기도하는 무릎은
따뜻하지 않고 뜨겁다
그리고 간절하다
또 예쁘다

제비꽃. '19. 4. 순애

# 영혼 살리는 즐거움으로

속상한 이유를 몰랐다
물어도 대답치 않으니

심증은 있으나 물증이 없다
하나 그 심증이 웃을 일이다

세상에선 술 한 잔에 털어 버릴 일인데
교회에선 영생을 버리게 한다

아버지께 물었다
"원래 그런 거야. 힘들다 그랬지 않니?"

그런데 내 안에 예수의 애정은
만유인력보다 더 강한 인력으로

내 소명을 잡아당기니 어찌하겠는가

그리고 그 영혼 살리는 즐거움이
오늘 죽어도 한이 없을 만큼 크니

어찌하겠는가

# 간절기

선선함이 뜨거움을 밀쳐낸다

차가움이 아님에도 뜨거움은 힘없이 풀이 죽었다

비강(鼻腔)에 코가 차오른다

훌쩍.

그 뜨겁다던 믿음, 고작 선선함에 무너지더라

차갑거나

기가 막힐 수렁이 아닌데도

훌쩍

본인도

그리고 보는 이도.

깽깽이 풀、 '19. 4
순애

# 착각

이렇게라도 기도하는 것, 들어주시겠지
지금 매우 힘든 심정, 아시겠지
내 주머니 사정, 그분은 이해하시겠지
다른 이들도 내 사정 알아주겠지
그래도 기도하고 있으니 잘 되겠지
요번 일만 끝나면 기도생활 회복하겠지
회개하면 용서하시겠지
우리 애들은 잘 되겠지
언젠가는 나도 저렇게 봉사해야지
설마 천국 가겠지
나는 그리스도인이야

# 미룸

기도해야 하는데 했는데
아직 안 했다
미안하다 말하려 했는데
아직 안 했다
사랑한다 말하려 했는데
아직 안 했다
내일 꼭 하겠다고 했는데
어제가 내일이다

예수는 했다
날 위해 기도했고
나에게 사랑한다 했다

훗날, 나도 했다고 해야 하는데.

노루귀 '19. 4. 순여

## 푸념이라도 뱉어봤는가

별안간 거세게 퍼붓는 빗줄기
이제 됐다 했다
밭에 나가보니 무성한 소리일 뿐
뿌리는 얼마 마시지 못했다
건너편 고랑 앉아 있는 김 씨 댁 하는 말이
하늘이 도와야 한단다
김 씨 댁에도 하늘이 있던가
하늘님을 모시던가
그녀의 푸념에 희미한 간절함이 섞였다
그 말이 나를 부끄럽게 한다
마른 이파리 나에게 묻는다
하늘님께 얼마나 기도했는가
오늘 피었다 지는 들풀도 입히시는
하늘 아버지께 얼마나 기도했는가
김 씨 댁처럼 푸념이라도 뱉어봤는가

양지꽃
'19. 4 순애

# 중국, 붉은 땅에서 복음을 움켜쥐다

퀴퀴한 먼지에 어느새 매연이 가득해졌다
성장하고 있는 땅
그러나 복음을 붙들기에 애처로운 곳
뿌려진 씨앗이 죽어 틔운 싹은
강하다
풍성한 열매를 자랑하러 갔지만
고작 새싹이 부러워졌다
사람이 붉게 만든 땅을
예수가 다시 붉게 만든다
그곳에서 다시 복음을 움켜쥔다
그들보다 더 순수해야 하리
더 간절해야 하리
더 낮은 곳으로
나도 씨를 뿌리고 간 무명의 누구처럼

접시꽃. '19.4. 순애

# To. 하나님께

나 때문이면 용서하세요
당신이 편해서 그랬습니다
잘해 보려고 했는데 서툴렀나 봅니다

마음에 담아 두진 마세요
저 때문에 속상해하는 모습 보기 힘듭니다
매일 혼자 삭히시는 모습도 그래요

지난번 주신 선물 감동 받았습니다
진작 말할 걸 그랬나 봐요
무뚝뚝한 제 성격 아시는 줄 알았어요

엊그제 모른 척 지나가서 죄송해요
왜 그랬나 저도 모르겠어요
변명일 뿐이지만 말하기도 쑥스럽네요

오늘은 제가 모시겠습니다

기분도 풀어드릴 겸, 화해도 할 겸

그리고 오늘만큼은 제가 먼저 기다릴게요

# 진리를 전하다

움켜쥔 주의 복음이 나아가자 한다
살려야 할 영혼들, 다 내 탓인 양
거룩한 부담감, 위대한 소명
예수 보혈로 다시 살 때
그토록 원하지 않았던가
선교에 큰 뜻을 품고 있는 자
전도로 발판을 만들라
야전의 잔뼈가 굵은 자
물 건너 일도 꿈꿀 수 있으리
네 일이 아닌 내 일이요
예수의 일이요
날 살리신 이유요

과꽃. '19. 4
순애

# 노란 은행잎

언제나 진한 노랑을 볼까 했는데
어느덧 노랗게 은행잎이 물들었다
멋있다!
하지만 바람 한 자락에 우수수
앙상해진 가지

언제나 진한 믿음을 볼까 했는데
어느덧 기도도 꽤 하고 얼굴도 밝다
예쁘다!
하지만 세상 바람 한 자락에 우수수

하나님, 예쁜 물이 들지 않아도
대나무같이 뿌리 깊게 하소서

키다리꽃. '19. 4. 순애

# 동지(冬至)

기도를 마친 아침도 칠흑 같다
동지(冬至), 타협의 시간
신문은 그 시간 그 자리에 놓였다
세상 소식 전하는 이들
해의 움직임에 관여하지 않았다
하늘 소식 전하는 이들
해에도, 집 앞에 고양이 한 마리에도
나름 이유를 두었다

성실(誠實)
그분이 원하시는 것
요지부동(搖之不動)
영(靈)의 동지(冬至)에 필요한 것

능소화. '19. 4
순애

# 그분의 시간에 핀 꽃

삼월, 급히 더워진 날씨에 꽃잎을 열었다
하나 이내 되찾은 쌀쌀함에 후회가 찾아온다
피어난 자존심에 쉬이 떨어지진 않으리 했지만
견디기도 어렵다
“꽃이 피었네”
하는 이들에게 놀람은 있어 보이나 감탄은 없다

사월, 무르익은 따스함에 옆 나무는 자연스레 꽃잎을 열었다
“이야”
하는 사람들에게 감탄이 묻어난다

비가 내린다
뭔가 보여주려 자신만만 핀 꽃
어떻게 피었는지 기억에도 없이 사라진다
사월에 핀 꽃, 빗물에 촉촉이 젖은 모습도 아름답다

예수의 사람이여 사월에 꽃을 피우라

그분의 시간까지 참고 기다려보라
고난의 빗속에도 견딜힘이 있도록
피운 후에도 영원히 아름답도록

# 늘 예쁠 때

철쭉이 어여삐 피어 아껴보려 했다
오늘 본 만큼, 내일 볼 만큼
비가 오는데 심상치 않다
한이라도 푸는 듯
삼일을 내리 온다
내일 보리 했던 철쭉은 사라졌다
남은 꽃받침이 비웃는 듯하다

오늘 예쁠 때 다 누리리

오늘 기도될 때, 깊이 더욱 그분과 교제하리
오늘 말씀이 깨달아질 때, 더욱 깊이 묵상하리
오늘 더욱 예수 사랑하리
후회하기보단
오늘 예쁠 때 더욱 예수 사랑하리

연꽃. '19. 4. 소여

# 무기력

따르릉, 신청하신 주민등록증 수령해가세요
동사무소에서 전화가 왔다
드디어 발급됐다 그런데 가기가 싫다
'필요'도 잠재우는 '무기력'의 힘 대단하다
그런데 무기력을 즐기는 건 아닌지
따르릉, 신청하신 기도응답 수령해가세요
그토록 간절했다 그런데 가기가 싫다
따르릉, 신청하신 천국주민등록증 수령해가세요
정말 가고팠다 그런데 가기가 싫다
무기력이란.

애기똥풀꽃. 19. 4
순이

## 사소한 것

성도들은 사소한 것에 기뻐한다
그리 큰 것이 아님에도
감사하단다
성도들은 사소한 것에 토라진다
별일 아닌 것도
마음 깊이 새긴다
상처 주지 말자 그저 품자
살리는 이는 그분이시니
주님, 사소한 은혜를 깨달을
마음만 열어주소서

도라지. '19. 4
순애

# 회개

뒤틀리는 배를 움켜쥐며 변기에 앉아
지난날의 죄악들을 뉘우친다
회개의 깨달음은 어찌 보면 간사한 것
간사해 보일 정도로 죄를 알게 하는 것이
창조주의 사랑일진대
간사한 시도조차 하지 않는 당신의 얄팍함에
저잣거리 아줌마도 혀를 내두른다

장미. '19. 4 순애

# 그토록 아름다운 손이여

신랑이 가락지 끼워줄 때 이 손 참 고왔는데
어느덧 상처 많은 손 되었구나
부끄러울 때, 예수가 붙드시니
새롭게 변하도다
닿는 곳에 생명이요, 닿는 곳에 소망이 움트누나
한나의 간절에서 안나의 저력으로
에스더의 지조에서 도르가의 사랑으로
이제는 말하기를
그 손, 아름다운 손이여
그토록 아름다운 손이여, 하도다
주님 시킨 일 많아 천국 갈 날 멀었지만
훗날 내 이름 기억되기는
우리 엄만 예수밖에 몰랐다고
자랑 섭섭하기를

개망초. '19. 4 순애

## 두렵다

슬픔에서 벗어나고자
몸부림쳤다
에워싸는 힘 너무 크기에
감당하기 힘들다고 말하고 싶다
힘듦, 그 단어는 지나치면 별 것 아닌 듯
그러나 내 주머니에 들어오면 얼른 빼고프다
어느덧 가득 채워진 어려움 털어버리고자 하지만
그보다 큰 것은
흔적 남는 것 두렵다
예수, 그분의 정신과 인내
감히 흉내 낼 수 없지만 지금 절실히 필요하다
구하는 자에게 주신다기에
오늘도 여전히 기도한다
예수여, 나를 도와주소서

장미꽃

# 영천리에서

시골 작은 교회
심방 마치고 돌아오는 길에
달빛이 이렇게나 고마운지 미처 몰랐다

배추꽃이 그리 예쁜지
마늘꽃이 그리 당당한지 미처 몰랐다
또 무수는 꽃을 왜 그리 수줍게 피는지

직접 빚어 준 쑥개떡, 수수떡 먹으며 계절을 추억했다

이 교회 부흥되어 천군만마를 달라 기도했는데
손에 꼽는 할머니들은 돌아가며 아프시다

가끔은 울면서도
신은 나에게 사명을 주셨지
먹고 살길 주신 것이 아님을
서른 즈음 알게 된 만으로 감사하다

어느덧 세월이 흐른 지금

제일 두려운 건

그 감사를 잃어버릴까 봐.

# 밥값

공항 밥은 비싸도 먹는다
병원 밥은 비싸도 먹는다
백화점 밥은 비싼 맛에 먹는다
설교는 비싸면 안 먹는다.

가지꽃.
'19. 4.

# 헤아릴 수 없다

얼마나 아팠는지 헤아릴 수 없다
그것 때문에 얼마나 울었을까 헤아릴 수 없다
교회 갈 때마다 얼마나 바라고 또 바랐는지
헤아릴 수 없다
목사님 번호 만지작거리며 얼마나 망설였을지
헤아릴 수 없다
나에게 부탁한 기도가 얼마나 간절한지
헤아릴 수 없다
한다고 하면서 성도 사랑하는 일
헤아릴 수 없기에 늘 부족하다.

제비꽃

다알리아.
'19. 4. 솔여

# 삶

# 구두

새 구두가 신고 싶다
아내를 졸라 백화점으로 향했다
마음에 드는 것으로 골라 신어보니 발에 안성맞춤
얼마죠?
직원 입에서 나온 가격은 마음에 부담
아내 눈치를 살핀다
'지금 구두도 못 신는 것 아닌데 뭘……'
구두 내려놓는 내 손등을 보니
멋쟁이 김형진의 손등이 초라해 보인다
그런데
아내의 눈빛에 비친 남편 김형진은
멋져 보인다.

마타리. '19. 4
소애

# 뒤꿈치

회벽 너머 까르르 아이 웃음소리 들린다
바쁘게 살다 보니 우리 아들 노는 모습 못 본 지 오래네
그 웃음소리 주인이 보고 싶어 눈을 돌렸는데
회벽 높이가 딱 내 눈높이만큼이다
뒤꿈치 들어 너머의 풍경을 본다
내 삶의 뒤꿈치도 이렇게 쉽게 들 수 있을까
답답한 앞길
영혼의 뒤꿈치 드는 법을 누군가 안다면.

해바라기.
'19. 4 순애

# 생의 마지막

아는 이에게 향초 선물을 받았다
커다란 향초 언제 다 쓰지!
어느덧 마지막을 향해 타들어 간다
왁스도 없는데 서 있는 심지 용하다
꺼지겠단 생각 한참 전에 했지만
여전히, 더 빨갛게 타오른다
서서히 죽어가는 불꽃을 보려 했다
마지막 불꽃은 영롱하며 숭고하리라

그 순간
이전에 본 적 없는 그을음 내뿜으며
발악하는 향초
후- 하고 불어버렸다.

개나리. '19. 4
순애

## 연

누군가 연을 띄우려고 들판에 섰다

표정이 비장하지만 걱정의 그늘이 있다

열 달 동안 공들여 만든 연에 입을 맞추고는

폭풍 속에 띄운다

얼레에는 실리 걸려 있지 않다

어디로 갈지 위태로워 보이지만 연은 신기하게도

얼레의 돌림에 따라 가까스로 따라온다

얼마쯤 지났을까 연은 더욱 거센 폭풍 속으로 사라졌다

그이는 그 자리에 여전히서 있다

기대해 본다

그리고 그러겠지 한다

폭풍 구름 위로 언젠가 떠올라 보이기를.

매화. '19. 4. 순이

# 가을 멋쟁이

황금빛 들녘을 거두면
듬성듬성 초가집이 생기더만
이젠 시리얼에 마쉬멜로우를 얹었다

빨강 노랑 단풍보다 더 짙은 건
사생대회 때 꺼낸 수채물감이었는데
이젠 아주머니 등산복이다

변해가는 가을 풍경, 많은 것이 변해도
한 가지 바람은
여전히 가을 타는 멋쟁이가 되었으면

도라지

# 고맙다

점퍼 지퍼를 올리는 손가락이 많이 거칠다
"수고하셨습니다"
사랑하는 얼굴 보려는 걸음 가볍다
지퍼 사이로 스며들어오는 바람 속
달콤한 붕어빵 냄새
걸음을 멈추고 꼬깃돈과 바꾼 한 봉지
식을까 품에 넣고 종종걸음
철커덕 소리에 강아지들이 뛰어나온다
"아빠!"
똑같은 붕어빵인데 고르느라 바쁘다
안 자고 기다려줘서 고맙다
아빠라서 고맙다

유채꽃. '19. 4. 순애

## 후회 없이 살아 주겠노라

오라, 새로운 날이여
조금만 이따 오라고 하진 않겠다
그저 흘러가는 시간이 어쩌면 다행이다
오라, 새로운 태양이여
언제나 불타오르는 그대지만
70억 희망의 시선에 유난히 더웠을 것이다
오라, 새로운 달력이여
빈칸으로 내 손에 있지만
곧, 승리의 흔적으로 채울 것이다
오라, 힘겨운 짐들이여
날 비웃으며 더 무거워졌지만
언제든 바꿔 메자는 분이 있노라
오라, 천국이여
내 비록 좁디 좁다만
문틈 보인다면 당장 뛰어들어갈 것이다
오라, 새로운 날들이여
후회 없이 살아 주겠노라

팬지. '19. 4. 순애

# 친구

말없이 라면 먹는 사이일수록

내 사람이라

라면 먹더니, '보태 써'라고 말을 남기고 간 녀석

늘 보고 싶다.

자목련. 19. 4. 순애

## 이해

어느덧 봄이 왔나 했다
목련
벚꽃보다 탐스러운 목련이 좋다
무거운지 이내 떨어진다

'너, 한 달도 못 버티니?'
'저도 최선을 다했습니다.'

난 아직도 남 이해하지 못하는 못난이.

목련. '19. 4
순애

## 로봇 장난감

어디선가 '푸쉬 푸쉬' 하는 소리 연신 들린다
소리 속에 흥분과 긴장이 담겼다
예상은 했지만 혹시나 내다보니
4살 막내가 로봇 장난감 갖고 놀며
상상의 나라에 들어가 있다
나는 로보트태권브이가 되고 팠다
만화를 볼 땐 두 주먹 불끈 쥐어지곤 했었다
지금 태권브이는 못 되지만 다른 게 되고프다
요셉, 다윗, 다니엘, 바울……
그런데 상상의 즐거움이 태권브이만 못하다
지금 삶에 만족하기 때문일까
아님 그들의 삶에 불만족한 또 다른 나 때문일까

사람보다 로봇이 좋아 보일 때처럼
나보다 성자(聖子)의 삶이 좋아 보이길
로봇 갖고 놀며 무아지경에 빠질 때처럼
성경 보며 하늘 소망에 빠지길

## 그들처럼 두 주먹 불끈 쥐는 삶 되길

# 미안하다

수없이 말하고 또 말했다
다만 들리지 않았을 뿐이다
알아주지 못할 말 하지 않아 그랬을 뿐
욕심만 크다
미안하다에 끝내려던
내 욕심이 크다
그래서 삼켰나 보다

각시붓꽃. '19. 4
순여

## 보름달 같은

도심에선 달빛의 소중함을 모른다
적막한 시골길
휘영청 뜬 보름달
가는 길 어렵지 않다
이렇게나 밝았던가
실컷 들여다봐도 부시지 않다
어두울 때 비로소 위대함과 소중함 드러나는
부모님, 아내, 가족
친구, 교회.
눈부시고 화려한 것 쫓다 얻은
어둠에 몸도 마음도 힘들지만
한가위 보름달 같은
가족 품으로
친구 품으로
예수 품으로

민들레. '19. 4. 순이

# 10월을 지나며

여름옷을 정리하고 두툼한 옷을 꺼낸다
보기만 해도 덥던 옷이
보기만 해도 훈훈해진다
곧 이 옷도 얇게 느껴질 겨울이 온다
알면서도 아직은 먼 것 같다
한 달이 지나면 겨울이다
알면서도 아직은 먼 것 같다
언젠간 그분이 다시 오신단다
알면서도 아직은 먼 것 같다
어느덧
보기만 해도 갑갑하던 예수가
보기만 해도 눈물 날 그날이 온다.

작약. '19.4. 운여

# 춥기에 따뜻합니다

어떤 이는 설렘으로

어떤 이는 분주함으로

어떤 이는 그저 오늘로

어떤 이는 외로움으로

추운 겨울, 성탄과 연말

저마다 콧노래 다르지만

가슴만은 따뜻하기를

당신 마음에 여유 있다면

누군가 들여보내고

당신 주머니 차 있다면

누군가 내어 주는

추운 겨울

찬바람이기에 낭만으로 기억되길

수국. '19. 4. 순이

## 생각나면, 사랑이더군요

붕어빵 마차 모락모락 김을 보며
당신이 생각납니다
마트 시식코너 맛있다 소리에 한 조각 먹었는데
당신이 생각납니다
잠자리 들기 전 배개 밑
문득 당신을 위해 기도합니다
새벽에는 당신 생각에 눈물이 났습니다
웃긴 이야기 듣고 간만에 한참을 웃었습니다
먼저 당신 웃기러 가렵니다
주일, 목사님 설교에 은혜 받다 눈물짓는데
당신이 보고 싶어졌습니다
그러다가 나중에 알았습니다
당신을 정말 사랑합니다.

양귀비. '19. 4. 순애

# 흙 내음

빗방울이 내려 흙 내음이 진동한다
이내 그 냄새의 진한 추억에 젖는다
몰랐지만 추억으로 새겨진 그 냄새, 참 좋다
비 그치고 가뭇없이 흙 내음도 사라질 때
몰랐던 내 마음 냄새 피울 빗방울 찾는다
예수의 말씀 단비로 내 맘 적실 때
내 마음 냄새가
아름다운 추억 냄새이기를
옥합 깨뜨린 여인처럼
단비 내릴 때 누구든 추억할
그분의 사람 되기를.

영춘화. '19. 4. 순애

## 힘내세요

아프면 외로운 게 아닙니다
괴로우면 외로운 게 아닙니다
힘들면 외로운 게 아닙니다
지치면 외로운 게 아닙니다
그때, 생각나는 사람 있으니
그때, 당신을 바라봐 주는 이 있으니

복수초 '19. 4 순애

## 푸른 이들에게

어둔 세상은 목련꽃봉오리를 움켜쥐고 피지 못하게 했다
기어이 피기도 한 꽃은 고생의 흔적에 이래야만 했나 싶다
피가 끓지만 넘친다며 뚜껑을 억눌렀다
붉은 아름다움을 기어이 보이기도 했지만
바라보는 부모의 심정은 애달프기만 하다
하늘의 위대한 설계로 만들어진 꽃들
그들의 외침에는 희망이 있고 생명력이 있다
다시 돌아올 수 없는 지금
너를 위해 목숨도 내놓는 주(主)를 만났다면
가장 큰 행운이라 생각하라
두려워하지 말고 나아가라
그리고 늘 뛰어라
그때 못 뛴 것에 후회가 없도록.

냉이꽃 '19. 4 이순애

## 사랑을 진 사람

삶의 발자국 유난히 짙고 깊은 사람 있습니다
터벅터벅 걸음 은혜가 묻어납니다
그 사람 어찌 다를까
몸무게 별로 많지 않아 보이는데
함께 하면 그냥 마음이 든든하니 좋네요
웃어도 은혜, 울어도 은혜
가끔 찡그리는 표정까지 은혜가 있습니다
물었습니다, 왜 당신은 변치 않습니까
그저 십자가를 지고 있기 때문이랍니다
엇, 그 십자가 나도 진 것 같은데……
서로 어깨를 살펴보니 이제야 알겠습니다
그동안 난 내 슬픔을 지었고
그 사람, 사랑을 지고 있음을

# 뜬모를 심어보았는가

날씨가 무덥다. 성큼 다가온 태양은
몰래 숨 쉬는 것 같다
뜬모 사이좋게 심는 내외지간 보니
사이좋게 허리 숙인 모습이 아름답다
계절을 읽는 지혜 탁월하다
때론 손에 책 내려놓고
모 장화 신고 싶을 때 있다
그렇게 창조주의 시간에 맞춰 살면 얼마나 좋으랴
어지간한 사람들 다 불평 일쑤다
문득, 돌아보아라
그분의 시간에 무릎을 꿇고 뜬모를 심어보았는가
그 어려운 계절에, 그 고통의 계절에
바로 그 계절에

엉겅퀴

## 그 사람이 소중한 사람입니다

오늘은 생각나는 이에게 전화하세요
그 전화 한 통 묵혔던 서운함 사라질 거예요
그리고 어느덧 식사 약속할 겁니다
혹 용기가 안 나면 문자를 보내세요
글자는 마음을 설레게 하거든요
하지만 글씨는 마음을 열게 한답니다
봉투에 우표 붙여 보내보세요
새로운 사람 백 명 알게 되는 것보다
지금 생각나는 그 사람과 한마음 되는 것이
비교할 수 없이 소중하다는 걸
잊지 마세요

냉이꽃

# 그 건물의 코너

깊고 분명한 발을 내디디며 걷고 있을 때
그 건물의 코너를 돌았다
3분의 1바퀴 다른 방향엔 작은 새 날지 못해 웅크리고 있었다
발 닿을 뻔했을 때, 내 몸은 가던 길 가고자 했다
간신히 멈추고 새를 안전한 곳으로 데려다준다
그리고 이젠,
3분의 1만큼이라도 다른 방향의 누군가를 위해
조심히 발을 내딛게 된다

# 대용량

낱개보다 묶음 싸고
소포장보다 대용량 싸다
장을 볼 땐 나도 모르게 큰 걸 집는다
다 쓴 적 없고 다 먹은 적 없다
이번엔 다 먹을 것 같다
하지만 결심일 뿐
낭비.
묶음으로 사도, 대용량으로 사도
낭비되지 않는 것
사랑밖에 없다

백일홍

## 페이퍼 컷(Paper Cut)

책을 넘기다가 종이에 손 베었다
독서는 마음의 양식이라더니
상처만 주네
책 읽지 않기로 했다
바보 같은 사람
오해와 편견은
페이퍼 컷의 순간
그런 어리석은 사람

# 핸드드립

그라인더에서 분쇄된 원두 향
포트에서 보글보글 끓는 물
쓱 접고 기다리는 종이필터
오늘도 기대하는 마음으로 커피를 내린다
안정된 자세 완벽한 조건
그런데 커피 맛이 어제와 다르다
아침과 점심 다르고 점심과 저녁 다르다
그래서 좋다
프로가 아닌 내가 좋다
잘하면 매일 같은 맛일 테니
삶도 프로가 아니니 좋다

자목련. 19.4. 순애

## 당신의 삶, 자국에 돌아라

돌아라 뱅뱅 돌아라
어차피 너의 궤도가 아니더냐
얼마의 세월에 패인 자국인지 모르겠지마는
뱅뱅 돌기에는 문제없다
돌아라 뱅뱅 돌아라
너 뱉은 그 말에 틀렸다 해 주고파도
어차피 너의 궤도가 아니더냐
신이 허락한 망각의 은총은 자고 나면 누리리라
돌아라 뱅뱅 돌아라
가끔은 심장이 찢어질 듯 아파도
괴성을 지르며 논두렁으로 내 달리고파도
다시 붙잡은 일상의 도구
어차피 너의 궤도가 아니더냐
그 자국에 많은 것을 해왔다
그 자국에 많은 것을 지웠다.

아네모네. '19. 4. 소연

# 신사

사람이 신사가 되어가니 재미없다
때로는 눈살 찌푸리는 일 생기는 것도 재미있다
버스에서 주걱 팔던 사람
지하철에서 감자칼 팔던 사람
육교 위 걸인
없음을 알리고 살아보려 했던 그때가
없는데 신사로 살려는 지금보다
재밌었다

매화. '19. 4. 순이

## 선동렬

지나가는 차에 돌 던졌다
내 돌은 야구 선수처럼 휘어나갔다
나는 선동렬이었다
그러고 놀았다
어른이 되고 보니
선동렬이 아니라 내 돌은 차에 맞아 튕긴 것
난 어려서부터 수많은 사람에게 용서받고 살았다
지나가는 자동차에도

지금, 친구도 용서하지 못하는 난
길가의 코흘리개 돌팔매질 꼬맹이 용서한
그 아저씨보다도 못하다.

장미. '19. 4 순애

## 이목(易木)

쉬이 뽑힌다면 옮겨 심어라
나도 모르게 '영차' 나오면 옮기지 마라
거기가 좋아 깊이 뿌리내렸으니

일 년은 지켜보되, 지나가던 새가 쉬었다 가거든
그 나무는 뽑지 마라
내 정원엔 필요 없어도 새에게는 필요한 나무

당신도 그런 존재이지 아니한가.

각시붓꽃. '19. 4. 순애

# 눈

얼어붙은 아스팔트에 눈이 내린다
슬며시 내린 눈은 돌아오는 길 녹아 없다

아스팔트는 여전히 얼어있지만
오늘은 펑펑 눈이 왔다
돌아오는 길에는 참 힘들었다

슬픔도 살며시 오면 어느덧 지나는데
펑펑 오면 참 힘들다.
그렇지 않아도 난 겨울 아스팔트 같은데

펑펑 울면 될까?

# 사진

엄마는 누가 찍어 준 사진 그냥 받는 게 아니라 했습니다
기백 원에 손에 쥔 사진을 귀하게 여겼습니다
소풍 후, 일주일은 넘게 기다려야 추억을 다시 볼 수 있었습니다
졸업앨범을 하릴없이 기다렸습니다
사진 한 장이 소중하던 시절이 그립습니다.

연꽃. '19. 4. 순여

# 냄새

비가 오니 비로소 냄새가 난다
흙냄새, 나무 냄새, 건물 냄새
언제부턴가 냄새 품고 있었는지 모르지만
내 앞의 그 사람 눈물 오니
비로소 냄새가 난다
아픈 냄새
그동안 걸어온 발자국 냄새